짜임

도움말

지도 1 성경의 주요 지리적 배경인 고대 이스라엘 지역은 남북의 길이가 대략 410㎞(단~엘랏), 동서의 폭이 대략 130㎞(지중해~암몬) 정도 되는 좁은 땅이다. 그러나 서쪽에서 동쪽으로 가면서 다섯 가지 지형으로 뚜렷이 구분된다. 서쪽 끝은 지중해 연안을 따라 발달된 좁고 긴 평야이고, 그 평야의 동쪽에는 평균 고도 600~700m의 산악 지대가 남북으로 내달린다. 중앙은 요르단강과 두 개의 호수로 연결되는 협곡 지대로, 해면보다 낮은 저지대이다. 트랜스 요르단이라 불리는 요르단강 동쪽 지역은 고도 800~1000m 이상의 산악 지대이다. 제일 동쪽 끝은 아라비아 사막과 이어진다(참고 지도 참조).

지도 2 창세기 10장은 대홍수가 끝난 후 노아의 세 아들 셈, 함, 야펫이 새로운 인류의 조상이 되었다고 밝힌다. 이는 당시(기원전 10~6세기) 이스라엘 사람들이 알고 있었던 주변 세계의 인종 및 거주 지역을 정치적 상황과 지리적 위치에 따라 분류·정리한 내용이다. 따라서 오늘날의 언어학과 생물학에 따른 인종 분류와는 정확히 일치하지 않는다.

지도 3 이스라엘 민족은 셈어를 사용하는 셈족의 한 갈래인데, 기원은 불분명하다. 성경은 아브라함이 메소포타미아의 우르에서 가나안으로 이주함으로써 이스라엘 민족의 역사가 비롯되었다고 기술한다(창세 12,1–5). 아브라함 등 이스라엘의 선조들이 활동한 시대는 정확히 알 수 없으나, 대략 기원전 이천년대 초반에서 중반으로 폭넓게 추정한다. 이 시기에 서북 셈어를 사용했던 아모리족은 메소포타미아 일대에서 고바빌로니아 제국을 형성하며 세력을 잡아 갔다.

지도 4 아브라함과 야곱의 후손들은 가뭄 등으로 가나안에서 살기가 힘들어지자 풍요로운 나일 삼각주 동쪽 고센 지방으로 내려가 살았다. 그러다 이집트 신왕국 시대에 강제 노역에 동원되는 노예로 전락하였다. 그들은 기원전 13세기경 모세의 인도로 이집트를 탈출하는데, 이 극적인 사건이 '야훼'라 하시는 하느님의 개입으로 이루어졌음을 깨닫게 되었다. 그들이 이집트를 떠나 가나안으로 간 여정은 분명치 않은데, 전통적으로 시나이 반도의 남쪽을 에두른 경로라고 이해한다.

지도 5 모세와 함께 이집트를 탈출한 사람들 중에는 야곱의 후손 외에 "많은 이국인들"(탈출 12,38)이 포함되었다. 이들은 시나이 반도를 통과하다가 시나이산(위치 모름)에서 하느님의 백성이 되는 계약을 체결하였다고 전해진다. 상당한 시간이 흐른 뒤 가나안 땅에 도착한 그들은 이미 평야 지대에 터잡은 가나안족 등 원주민을 피해 산악 지대에 정착하였다. 기원전 13세기 말부터 팔레스티나 중부와 남부 산악 지대에 정착한 주민들의 출신은 다양했으나, 야훼 신앙을 공유하는 공동체로 성장하였다. 이들은 각 부족별로 흩어져 농사를 짓거나 목축을 하며 살았다. 평소에는 원로들이 자율적으로 다스리고, 위기를 맞을 때는 하느님의 영을 받은 '판관'이 등장하여 해결하였다. 결국 판관 시대의 이스라엘은 야훼 신앙을 구심점으로 한 느슨한 연합체였다고 할 수 있다.

지도 6 기원전 1050년경 이스라엘은 심각한 위기에 처했다. 인구가 늘어 해안 평야 쪽으로 뻗어가야 했는데, 오히려 기존 주거지조차 위태로워졌다. 문제는 필리스티아족이었다. 이스라엘보다 약간 뒤늦게 팔레스티나 남부 해안 지역에 정착한 필리스티아족은 에게해에서 이주해 온 해양 종족이었다. 앞선 철기 문화를 지닌 필리스티아족은 평야 지대를 장악하고 산악 지방까지 위협하였다. 이제 더 이상 느슨한 연합체로 존속할 수 없게 된 이스라엘은 사무엘의 지도 아래 사울을 왕으로 뽑아 중앙 집권 체제를 갖추었다. 그러나 벤야민 지파의 사울은 계속되는 필리스티아의 공격에 맞서 싸우느라 왕정 체제를 수립할 여유를 갖지 못했다. 결국 그는 길보아 전투에서 패하여 전사하였다(1사무 4–31장 참조).

지도 7 사울의 뒤를 이은 유다 지파의 다윗은 먼저 유다의 왕이 되었고, 이어 이스라엘 백성들과 조약을 맺어 그들까지 다스리는 통일 이스라엘의 왕이 되었다(2사무 5,3). 다윗은 탁월한 전략으로 필리스티아족의 세력을 결정적으로 꺾고 주변 국가들을 병합하여 이스라엘 역사상 최대의 영토를 마련하였다. 특히 여부스족의 성읍이었던 예루살렘을 점령하여 정치와 종교의 중심지로 삼았다. 다윗의 아들 솔로몬은 부왕의 치적을 바탕으로 성전과 궁전 및 요새를 건축하고 교역과 문화 활동에 주력하였다. 그러나 통치 중에 과중한 조세 부담, 강제 노역, 지파간의 차별 등으로 이스라엘 쪽의 불만이 커졌다.

지도 8 결국 솔로몬의 아들 르하브암 때 남과 북은 영영 갈렸다. 남유다는 유다 지파를 중심으로 다윗 왕가가 줄곧 다스렸다. 반면에 북이스라엘은 열 지파로 구성되어 있었고 지파 독립 전승이 강하여서 왕조의 교체가 잦았다. 초기에는 두 나라가 계속 다투었으나, 중반 이후에는 상대적으로 국력이 강한 북이스라엘이 남북의 협력 관계를 이끌었다. 북이스라엘은 오므리-아합 왕과 예로보암 2세 때 경제적 풍요를 누렸으나, 또한 이때 예언자들이 나타나 불의와 부정을 고발하며 하느님의 심판을 선언하였다.

지도 9 기원전 2000년경 티그리스 강 상류에서 일어났던 아시리아는 흥망을 거듭하다가 기원전 1000년대 들어 신아시리아로 부흥하였다. 강력한 상비군을 바탕으로 정복 전쟁을 펼친 신아시리아는 메소포타미아 일대를 장악한 뒤 교역로를 장악하기 위해 시리아-팔레스티나로 세력을 펼쳤다. 결국 이에 도전한 북이스라엘은 멸망하고(기원전 722/1) 유다는 속국이 되었으며, 이집트까지 점령당했다(기원전 663). 그러나 신아시리아는 신바빌로니아, 메디아, 스키티아족 등 연합 세력에 의해 갑작스럽게 무너졌다(기원전 609).

지도 10 유다는 히즈키야와 요시야 왕 때 개혁과 독립의 몸부림을 쳤으나, 이집트를 꺾고 근동의 패권을 쥔 신바빌로니아에게 대항했다가 멸망하였다(기원전 587/6). 이때부터 유다인들은 바빌로니아, 이집트, 팔레스티나로 흩어져 살게 되었으며(디아스포라), 특히 지도층은 바빌로니아에서 유배 생활을 하였다. 유배민들은 각종 전승을 수집 정리하면서, 안식일과 할례를 지키며 하느님 신앙을 새롭게 하였고 하느님의 구원을 갈망하였다. 마침내 메디아 왕국의 속국인 페르시아의 키루스 왕이 급격히 세력을 키우면서 메디아와 신바빌로니아를 무너트리고 근동 전역을 장악하였다. 키루스 왕은 지방 자치를 지향하는 정책을 펴면서 유배 온 유다 백성들의 귀환과 성전 재건을 지시하였다(에즈 1장; 6장 참조).

지도 11 예루살렘은 해발 760m의 산악 지대이지만 기혼 샘 때문에 일찍부터 사람이 거주하였다. 다윗이 여부스족으로부터 빼앗은 도성은 남쪽 언덕에 불과하였으나, 솔로몬이 더 높은 언덕 북쪽으로 영역을 확장하여 첫 번째 성전과 궁전을 지었다. 특히 히즈키야 왕 때 북이스라엘의 피난민을 수용하면서 중앙(티로포에온) 계곡 너머의 서쪽으로 영역을 대폭 넓혔다. 유다가 신바빌로니아에게 멸망을 당할 때 예루살렘도 대부분 파괴되어 버려졌으나, 페르시아 시대에 두 번째 성전이 세워지면서 종교 중심지의 면모를 갖추었다. 특히 느헤미야 총독이 성벽을 일부 재건하여 도성의 면모를 되찾았다.

지도 12 이백여 년간(기원전 559~330) 당시 세계 최대의 영토를 다스리며 동·서양을 잇던 페르시아 제국은 그리스의 마케도니아 출신 알렉산드로스 대왕에게 패망하였다. 그로 인해 근동 일대에 대거 흘러들어온 그리스 문화가 토착 근동 문화와 융합하여 헬레니즘이라는 새로운 문화를 이루었다. 근동과 이집트에는 셀레우코스 왕국과 프톨레마이오스 왕국이라는 그리스 왕국이 들어섰으며, 유다 지역은 프톨레마이오스 왕국의 지배를 받게 되었다.

지도 13 여러모로 다른, 낯선 그리스 문화는 유다의 전통과 신앙에 큰 도전으로 다가왔다. 특히 기원전 198년 이후 팔레스티나를 장악한 셀레우코스 왕국의 안티오코스 4세는 제국의 통일을 기한다는 명분으로 유다교 율법을 폐지하고 그리스 신을 숭배하도록 강요하였다. 이에 대항하여 유다 마카베오를 비롯한 열심한 유다인들은 게릴라 전쟁을 벌여 성전을 정화하고 독립을 쟁취하였다(1마카; 2마카 참조). 비록 짧은 기간이었지만(기원전 140~63) 마카베오 가문은 하스몬 왕조를 세워 유다 영역을 팔레스티나 전역으로 넓히면서 자치적으로 다스렸다.

지도 14 기원전 8세기경 이탈리아 반도의 작은 도시 국가로 출발한 로마는 점차 세력을 키워 유럽 일대를 석권하였다. 기원전 1세기에는 동방으로 세력을 넓혀 아나톨리아, 시리아-팔레스티나, 이집트 등 동부 지중해 세계를 정복하였다. 유다 지역 역시 제1차 삼두정치 지도자인 폼페이우스가 시리아를 점령한 기원전 63년에 로마 제국에 편입되었다.

지도 15 유다를 다스리던 하스몬 왕조는 자체 분열과 로마의 개입으로 무너졌다. 그 틈을 타 이두매아인 안티파테르와 아들 헤로데가 로마의 신임을 얻어 유다의 통치자로 등장하였다. 헤로데 왕은 유다의 종교와 민족 감정을 배려하고 두 번째 성전을 대규모로 개축(사실상 신축)하는 등 대형 건설 사업을 추진하며 유다인들의 마음을 얻으려 애썼으나 실패했다.

지도 16 헤로데의 통치가 끝나가는 기원전 7/6~4년 사이에 예수께서 태어나셨다. 그분이 나자렛에서 성장하실 때 유다의 통치자는 로마 총독(행정관)으로, 빌라도 총독의 재임 기간은 26~36년이었다. 그 당시 갈릴래아와 페레아는 헤로데 안티파스(기원전 4~기원후 39)가, 갈릴래아 북동부는 필리포스(기원전 4~기원후 34)가 영주로 다스렸다. 예수께서는 하느님 나라의 도래를 선포하며 말씀과 행적으로 하느님의 자비와 사랑을 드러냈다. 그분은 사람들의 호응을 받고 제자들도 얻었지만, 정치적 종교적 안정을 해친다는 유다 지도자와 로마 총독의 결정에 따라 십자가형에 처해졌다.

지도 17 제자들은 예수께서 잡히실 때 모두 도주하였었지만, 그분의 부활을 체험하고 성령을 받으면서 새로운 신앙 공동체를 형성하였다. 그들은 예수를 그리스도, 주님이라 고백하며 유다인들에게 하느님의 나라가 도래했다는 기쁜 소식을 열정적으로 선포하였다. 그러다 유다인들이 박해하자 주변 세계로 뻗어가 유다인과 이방인을 가리지 않고 모든 이에게 복음을 전하였다. 그들은 유다교의 한 분파처럼 여겨졌지만, 시리아의 안티오키아에서 '그리스도인'이라는 새로운 이름을 얻었다(사도 11,26).

지도 18 바오로는 특별히 '이방인의 사도'로 부름 받은 유다인이었다(갈라 2,8). 그는 킬리키아의 타르수스에서 태어나 높은 수준의 그리스 교육을 받은 열심한 바리사이였다. 그는 그리스도인들을 박해하러 가다가 예수 그리스도를 만나 회심한 뒤 열렬한 그리스도인으로 선교에 헌신하였다. 그는 세 차례의 선교 여행을 통해 소아시아와 그리스의 주요 도시에 교회를 세웠으며, 편지와 방문을 통해 지속적으로 그들을 돌보았다. 헬레니즘과 유다 문화 양쪽에 능통했던 바오로는 갖가지 유형의 사람들을 찾아다니며 그리스도의 새로운 가르침을 전했던 탁월한 사도였다.

지도 19 신약시대에도 예루살렘은 유다의 심장이었다. 특히 예루살렘 성전은 모든 유다인의 구심점이었으며, 이를 관장하는 대사제는 유다의 최고 지도자였다. 로마 총독은 유다인들의 민족 감정을 고려하여 지중해변의 카이사리아에 상주하였고, 축제 때와 특별한 행사 때에만 예루살렘에 머물렀다. 헤로데 왕이 시작한 성전 개축 공사는 기원전 20년부터 기원후 63년까지 계속되었다. 하지만 66년에 발발한 제1차 유다 독립 항쟁의 실패로 70년에 로마군에 의해 불타 버렸다.

사이다
다마스쿠스
레 바 논
키스바
수르(티로)
파니아스
단
쿠나이트라
시 리 아
골 란
이스라엘
점령지역
나하리야
사파드
아코(아크레)
휴전선(1974년)
카파르나움
하이파
티베리아스
나자렛
지 중 해
이 스 라 엘
아풀라
데라
므기또
이르비드
예닌
하데라
마프라크
네탄냐
세바스테
아라슈(게라사)
툴카름
스켐
(유적)
나블루스
헤르즐리야
페타티크바
요
자르카
텔아이브
실로(유적)
살트
암만
로드(리따)
베이틴
라믈라
라말라
레호보트
예리코
예루살렘
히스반
아슈도드
베들레헴
쿰란(유적)
마다바
르
아스클론
서안 지구
휴전선(1967년)
헤브론
가자
디반
가자 지구
엔 게디
단
브에르세바
카락
네 겝
이 집 트
소돔
시 나 이
반 도

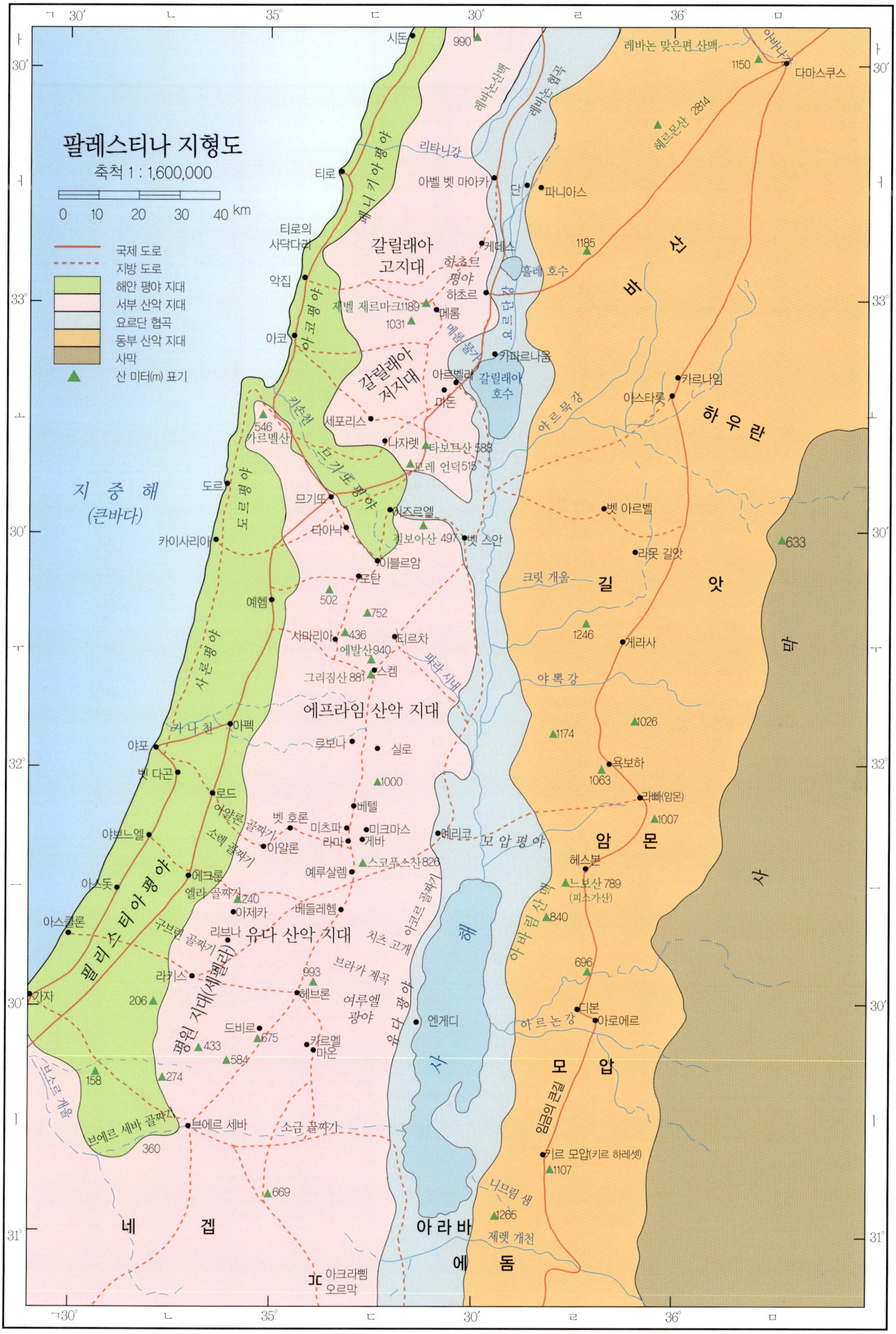

팔레스티나 지형도
축척 1 : 1,600,000
0 10 20 30 40 km
국제 도로
지방 도로
해안 평야 지대
서부 산악 지대
요르단 협곡
동부 산악 지대
사막
산 미터(m) 표기
지 중 해
(큰바다)
갈릴래아 고지대
갈릴래아 저지대
에프라임 산악 지대
유다 산악 지대
네 겝
아 라 바
에 돔
모 압
암 몬
길 앗
하 우 란
바 산
사 막
사 해
갈릴래아 호수
훌레 호수
시돈
티로
다마스쿠스
예루살렘
베들레헴
헤브론
브에르 세바
가자
야포
예리코

지도 2

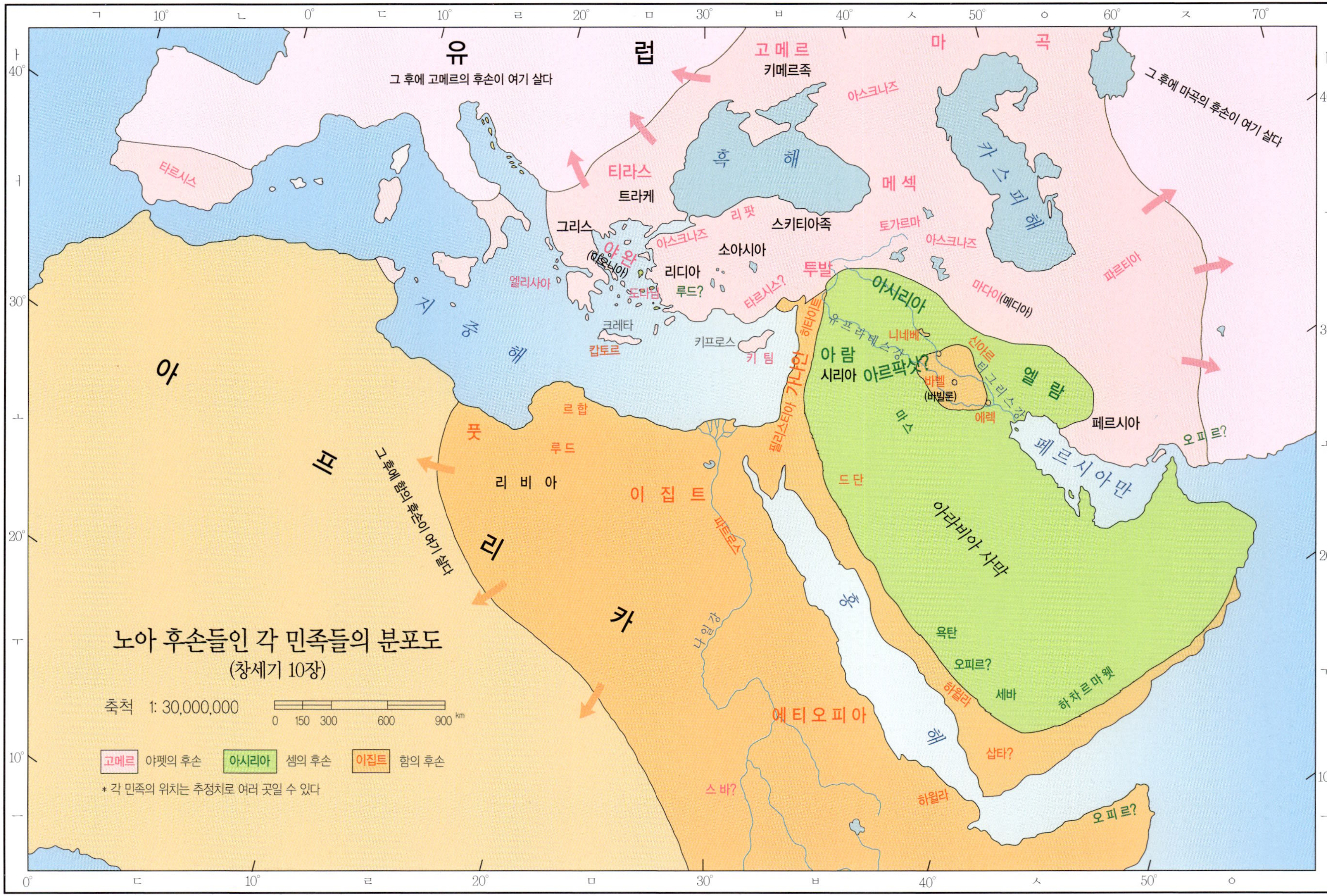
노아 후손들인 각 민족들의 분포도
(창세기 10장)
축척 1: 30,000,000
0 150 300 600 900 km
고메르 야펫의 후손
아시리아 셈의 후손
이집트 함의 후손
* 각 민족의 위치는 추정치로 여러 곳일 수 있다
유럽
그 후에 고메르의 후손이 여기 살다
고메르
키메르족
마곡
그 후에 마곡의 후손이 여기 살다
아스크나즈
카스피해
흑해
메섹
티라스
트라케
그리스
리팟
스키티아족
토가르마
아스크나즈
아스크나즈
야완
(이오니아)
소아시아
리디아
루드?
도다님
투발
타르시스?
마다이(메디아)
파르티아
타르시스
엘리사아
지중해
크레타
캅토르
키프로스
키팀
아시리아
니네베
신아르
아람
시리아
아르팍삿?
바벨
(바빌론)
에렉
엘람
티그리스강
유프라테스강
히타이트
가나안
필리스티아
마스
페르시아
오피르?
페르시아만
드단
아라비아 사막
욕탄
오피르?
세바
하차르마웻
하윌라
삽타?
하윌라
오피르?
홍해
아프리카
그 후에 함의 후손이 여기 살다
르합
풋
루드
리비아
이집트
파트로스
나일강
에티오피아
스바?

선조 시대의 동방 세계
(기원전 2000~1600)
축척 1: 11,000,000
0 50 110 220 330 km
수 도
비옥한 초승달 지대
아브라함과 선조들의 이동 경로(추정)
교역로
흑 해
흑 해
카 스 피 해
지 중 해
페 르 시 아 만
프로폰티스
트로이(미노아)
아 수 와
히 타 이 트 제 국
하투샤
쿠사라
고히타이트 왕국
(기원전 1650년 이후)
카니시
투즈호
헤르무스강
상가리우스강
할리스강
베이세술탄
매 안 더 강
아르자와 왕국
기원전 2000년경 인도 유럽계의
히타이트족이 소아시아를
침입하여 하티족을 정복하였다
키 주 와 드 나
리 키 아
미노아 문명
(기원전 1800년경)
로도스
크레타
알라시야
(키프로스)
엔코미
우가릿
아르왓
알라라
하맛
카트나
알레포
카르그미스
하란
파딴아람
마리 왕국
마리
아 모 리 족
타드모르
다마스쿠스
비블로스
시돈
하초르
가 나 안
세겜
베델
예루살렘
그라르
브에르 세바
섬족계 유목민인 아모리족이
기원전 2000년경 사막에서
비옥한 초승달 지대를 침입하였다.
그뒤 그들은 마리 왕국과
바빌로니아 왕국을 건설하였다
이 당시 이집트가
가나안을 지배하였다
섬족계의 힉소스인들이 이집트
북부를 정복하였다(기원전 1500년경)
사 막
리 비 아
사 막
사이스
타니스
온
멤피스
모에리스호
나일강
베니하산
이집트 왕국
12왕조
(BC 1991~1783)
시나이
반도
이집트 왕실의
구리 광산
기원전 1500년 이후 후르족은
아시리아의 파딴아람에
강력한 미타니 왕국을 건설하였다
아라랏산
후 르 족
(기원전 1700년 이전)
카루스강
아락세스강
반 호
우르미아호
티그리스강
하보르강
유프라테스강
인 도 아 리 안 족
아마르도스강
엘부르즈산맥
자그로스산맥
디알라강
디데베
아 시 리 아
켈라
테페 가우라
아르벨라
자르모
누지
고바빌로니아 제국
카 시 트 족
함무라비 통치 후 카시트족이
바빌로니아를 정복하였다
(기원전1530년경)
테페 기얀
테페 시얄크
에쉬눈나
시파르
아카드
바빌로니아
바빌론
니푸르
이신
수메르
라가시
엘람
수사
에렉
(우루크)
우르
에리두
기원전 1600년경
히타이트의 침략

지도 4

이집트 탈출과 가나안 정복 경로
축척 1 : 4,000,000
0 32 64 96 128 160 km
이집트 탈출 경로(전통적 견해)
이집트 탈출 경로(대안)
도로
수도
요새
가나안 진입 경로 1(민수 33,1–49)
가나안 진입 경로 2
(민수 21,4,11–13; 신명 2장; 판관 11,18)
가나안 정찰 경로(민수 13장)
이스라엘의 가나안 정복
여호수아가 메롬 물가
전투에서 북부 가나안의
연합군을 격파하였다
이 시기 가나안에 대한 이집트의
지배는 상당히 악화되었다
예리코를 함락시킨 뒤 여호수아는
중부 및 남부 가나안을 정복하였다
해안선 근처의 이집트 요새들은
이스라엘이 가나안으로 가는
지름길을 통제하였다
이스라엘의 적인 아말렉족은
유목민으로 가나안과 시나이
반도 사이를 떠돌아 다녔다
히타이트 왕국
다마스쿠스
헤르몬산
시돈
티로
라이스(단)
바산
아스타롯
에드레이
미스르폿 마임
케데스
메롬
하초르
아코
카르멜산
시므론
도르
므기또
벳 스안
길앗
가나안
그리짐산
스켐
아펙
야포
실로
게제르
기브온
아이
길갈
예리코
라빠 암몬
암몬
아스돗
헤스본
아스클론
예루살렘
아하츠
갓
야르뭇
리브나
마케다
라키스
헤브론
에글론
드비르
가자
디본
아랏
사해
브에르 세바
호르마
모압
키르 모압
초아르
이예 아바림?
호르산?
푸논?
보츠라
에돔
세일
신(펠루시움)
바알츠폰?
타니스(초안)
믹돌?
필리스티아 땅으로 가는 길
라메세스
발라호
고센
팀사호
수르 광야
피베셋(부바스티스)
피톰
와디 투밀랏
수콧
제벨 하랄
카데스 바르네아
수르로 가는 길
친 광야
에탐?
비터호
믹돌?
에탐 광야?
아말렉
파란 광야?
갈대 바다로 가는 길
온
(헬리오폴리스)
멤피스
피라미드
바알츠폰?
아라비아로 가는 길
엘랏(에츠욘 게베르)?
마라?
엘림?
나일강
시나이 반도
헤라클레오폴리스
신 광야?
돕카?
시나이산?
키브롯 타아와?
하체롯?
알루스
제벨 세바르
타브에라?
르피딤?
이집트
(미츠라임)
수에즈만
아카바만
미디안
제벨 무사?
(시나이산)
홍해
리코폴리스
* 이집트 탈출과 가나안 진입 경로에 나오는
대다수 지명의 위치는 불확실하다

열두 지파에게 분할된 가나안
축척 1 : 1,600,000
정복하지 못한 가나안 성읍(판관 1장)
기원전 12-11세기의 이스라엘 정착 지역
단족의 일부는 상속 유산을 간수할 수 없어 북쪽으로 이주하여 라이스(레셈)를 정복한 뒤 단이라고 이름 붙였다
비록 바산 전 지역이 므나쎄 지파의 절반에게 배당되었지만 아르묵강 너머까지 정착했다고 보기는 의심스럽다
이스라엘이 처음 정착하였을 때는 평야에 있는 강력한 성읍들을 정복할 수 없었다
이스라엘은 이 당시 해안 지방을 차지한 필리스티아족에게 계속 침략 받았다
판관 시대에 암몬족과 모압족, 미디안족의 침략을 물리쳤다
사제 직분의 레위 지파는 특정 지역을 분배받지는 않았지만, 그대신 모든 지파에게서 총 48개의 성읍을 받았다
시메온 지파가 받은 성읍들은 유다 지파의 상속 영토 중의 일부였다. 시메온 지파는 후에 유다 지파에 흡수되었다
지 중 해
페니키아족
아셀
납탈리
즈불룬
이사카르
므나쎄
에프라임
벤야민
유다
시메온
르우벤
가드
필리스티아
바산
그수르
아르곱
암몬
모압
에돔

지도 6

사 울 왕 국
(기원전 1020~1000년경)
축척 1 : 1,600,000
0 8 16 32 48 64km
수 도
이스라엘 세력
적의 세력
사울 왕국의 최대 판도
이민족의 점령 지역
필리스티아족은 이즈르엘평야를 지나 이스라엘을 침략하였다. 이스라엘은 패했고 사울은 길보아산에서 죽었다
사울은 야베스 길앗을 포위, 공격하여 암몬족을 격파하였다. 이 승리로 말미암마 사울은 온 이스라엘의 왕으로서 지위를 확고히 하였다
사무엘의 고향. 사울이 왕으로 기름부음 받은 곳
요나탄이 필리스티아를 격파한 곳
여부스족의 성읍
다윗과 골리앗의 대결
사울에게 추방당한 다윗의 피신처
사울이 아말렉족을 쳐부수어 유다의 남쪽 경계선을 보호하였다
지 중 해
페니키아족
레 바 논 산 맥
시리아 왕국
마아카
아 람 족
그수르
바 산
초 바
헤르몬산
다마스쿠스
시돈
사렙타
티로
이욘
아벨 벳 마아카
단
카나
케데스
하초르
악집
아코
아펙
카불
카르나임
아스타롯
긴네렛
갈릴래아 호수
톱
림몬
함맛
키손천
카르멜산
시므론
이즈르엘 평야
타보르산
엔도르
수넴
야르묵강
야이르의 부락
에드레이
도르
므기또
이즈르엘
타아낙
카몬
길보아산
벳스안
라못 길앗
이블르암
도탄
야베스 길앗
베젝
테베츠
길 앗
에발산
스켐
그리짐산
마하나임
수콧
프누엘
야뽁강
암 몬
사론평야
가나안족
아펙
야포
라마타임
실로
아담
로드
오프라
라빠 암몬
벳 호론
미츠파
베텔
게제르
미크마스
야브느엘
기브온
게바
길갈
요르단강
필리스티아
팀나
라마
놉
헤스본
에크론
아스돗
엘라 골짜기
벳 세메스
예루살렘
느보산
아제카
메드바
아스클론
갓
소코
베들레헴
아둘람
크일라
트코아
유다 광야
가자
라키스
헤브론
사 해
디본
에글론
지프
엔게디
아로에르
카르멜
마온
그라르
치클락
유 다
모 압
라피아
야티르
크렛족 필리스티아
아르
브에르 세바
호르마
키르 모압 (키르 하레셋)
아로에르
카인족
아 말 렉 족
에 돔
30′
35°
36°
33°
32°
31°

다윗과 솔로몬 왕국
(기원전 1000~926년경)
축척 1 : 4,000,000
0 32 64 96 128 160 km
수도
유다 왕으로서 다윗의 영역
이스라엘 왕으로서 다윗의 영역
다윗이 정복한 지역
다윗이 영향을 미친 지역
다윗과 솔로몬 왕국의 경계선
34° 36° 38°
36° 34° 32° 30°
신 히 타 이 트
칼랍
유프라테스강
팁사
성경에 나오는 솔로몬 왕국의 경계선
오론테스강
하 맛
하맛
키 팀
(키프로스)
살라미스
아르왓
아 람 족
지 중 해
카데스
리블라
초닷
하차르 에난
타드모르
페 니 키 아
그발
(비블로스)
레바논산맥
초 바
베로타이
성경에 따르면 솔로몬은 팁사에서
가자까지 유프라테스강 서쪽
전 지역을 지배하였다(1열왕 5,4)
티로 왕 히람은 예루살렘 성전과 궁전을
짓는 데 필요한 재료와 기술자를
솔로몬에게 제공하고, 그 대가로
카불 부근의 성읍 스무 개를 받았다
시돈
다마스쿠스
아람 왕국은 다윗에게 정복당한 뒤
무력 통치를 받았다. 솔로몬의
통치 중 르존이 반기를 일으켜
다마스쿠스를 독립시켰다(1열왕 11,24)
이욘
헤르몬산
다 마 스 쿠 스
티로
아벨 벳 마아카
단
마아카
케데스
하초르
그수르
아코
카불
킨네렛 호수
아스타롯
솔로몬은 므기또에 거대한
마굿간을 운영하였다
사 막
도르
므기또
타아낙
길보아산
벳 스안
에드레이
라못 길앗
바 산
살카
이 스 라 엘
필리스티아는 다윗에게 패한 뒤
해안 지방으로 물러갔다.
나중에 솔로몬은 이집트 왕에게
게제르 지역을 받았다
스켐
마하나임
길 앗
요르단강
야포
암 몬
다윗은 라빠 암몬에서 암몬족을
격파하고 암몬 왕으로 자칭했다
라빠 암몬
게제르
기브아
예리코
에크론
예루살렘
헤스본
다윗은 여부스족이 살던 예루살렘을
정복하고 수도로 삼았다
아스돗
벳 세메스
메드바
아스클론
갓
가자
헤브론
필리스티아
라키스
엔게디
아로에르
유 다
사 해
라피아
그라르
치클락
모 압
아르
다윗과 솔로몬은 모압을
하나의 속국으로 다스렸다
브에르 세바
키르 모압
타마르
아 말 렉 족
보츠라
카데스 바르네아
이집트 마른내
푸논
에 돔
아 라 바
솔로몬의 통치가 끝날 무렵
하닷이 반란을 일으킬 때까지
장군들이 에돔을 지배하였다
셀라
(페트라)
에츠욘 게베르
솔로몬이 홍해 교역을 위해 선박을
건조하고 아라바의 광물을 제련하기
위해 대형 용광로를 설치한 곳

지도 8

이스라엘과 유다 왕국
(기원전 926~842년경)
축척 1 : 1,600,000
0 8 16 32 48 64km
수도
이집트와 아람의 공격
엘리야가 피신하여
과부의 아들을 살린 곳
바아사 왕이 이스라엘을 통치할 때
유다 왕 아사와 동맹을 맺은 시리아 왕이
이스라엘 북부 성읍을 침입하였다
아람족은 끊임없이
이스라엘을 괴롭혔다.
아합 왕은 라못 길앗
전투에서 전사할 때까지
그들을 저지하였다
엘리야가 바알 예언자들과
대결한 산
아합 왕과 이제벨이 결혼한 뒤
페니키아의 바알 신앙이 물밀듯이 들어오자
이스라엘은 이에 완강하게 저항하였고,
마침내 오므리 왕가는 몰락하였다
오므리가 건설한 북이스라엘의
요새 수도 (기원전 871년경)
모압은 오므리 왕조 통치 중에는
하나의 속국이었다. 모압 석비에
따르면 모압 왕 메사가 반란을
일으켜 독립했다
이집트 왕 시삭이 분열된
왕국을 침략하여 예루살렘을
약탈하였다(기원전 925년경)
여호사팟의 통치 중에
유다 왕국은 에돔을
다시 지배하게 되었다
페니키아
아람
이스라엘
유다
블레셋
필리스티아
암몬
모압
에돔
바산
그수르
야이르의 부락
사해
킨네렛 호수
시돈
사렙타
티로
아코
카불
이욘
아벨 벳 마아카
단
케데스
하초르
킨네렛
아펙
힘맛
카르나임
아스타롯
에드레이
다마스쿠스
헤르몬산
레바논산맥
리타니강
아바나강
야르묵강
카르멜산
키손천
타보르산
이즈르엘평야
도르
므기또
수넴
이즈르엘
타아낙
도탄
이블르암
벳 스안
라못 길앗
야베스 길앗
티스베
샤론평야
소코
아벨 므홀라
사마리아
티르차
에발산
스켐
그리짐산
수콧
마하나임
야뽁강
프누엘
아펙
야노아
실로
여사나
요르단강
야포
로드
라빠 암몬
야브느엘
기브톤
게제르
벳 호론
미츠파
베텔
아얄론
라마
게바
길갈
크릿 개울
예리코
엘알레
헤스본
팀나
초르아
예루살렘
아스돗
에크론
벳 세메스
느보산
메드바
아제카
베들레헴
갓
소코
아스클론
리브나
아둘람
에탐
벳 바알므온
트코아
벳 추르
마레사
아타롯
야하츠
라키스
헤브론
가자
디본
드비르
지프
엔게디
아르논강
아로에르
그라르
치클락
유다광야
라피아
아르
브에르 세바
키르 모압
(키르 하레셋)
제렛 개천
30′
35°
36°
33°
32°
31°

티라나
북마케도니아
불가리아
알바니아
그리스
이오니아해
코린토
아테네
스파르타
이스탄불
밀레토스
이라클리온
크레타
흑해
시노프
삼순
앙카라
튀르키예
조지아
트빌리시
아르메니아
예레반
아제르바이잔
바쿠
카자흐스탄
우즈베키스탄
투르크메니스탄
카스피해
타르수스
안타키아
우르파
알레포
하맛
니코시아
키프로스
아르와드
트리폴리
베이루트
레바논
다마스쿠스
시리아
지중해
벵가지
하이파
이스라엘
예루살렘
암만
가자
요르단
포트사이드
알렉산드리아
카이로
시나이 반도
수에즈만
아카바만
리비아
이집트
아시우트
테베(유적)
아스완
홍해
모술
니네베 (유적)
이란
테헤란
바그다드
바빌론 (유적)
이라크
에스파한
바스라
아바단
쿠웨이트
쿠웨이트시티
페르시아만
사우디아라비아
네푸드 사막
아라비아 반도
마나마
바레인
카타르
도하
두바이
아부다비
아랍 에미리트

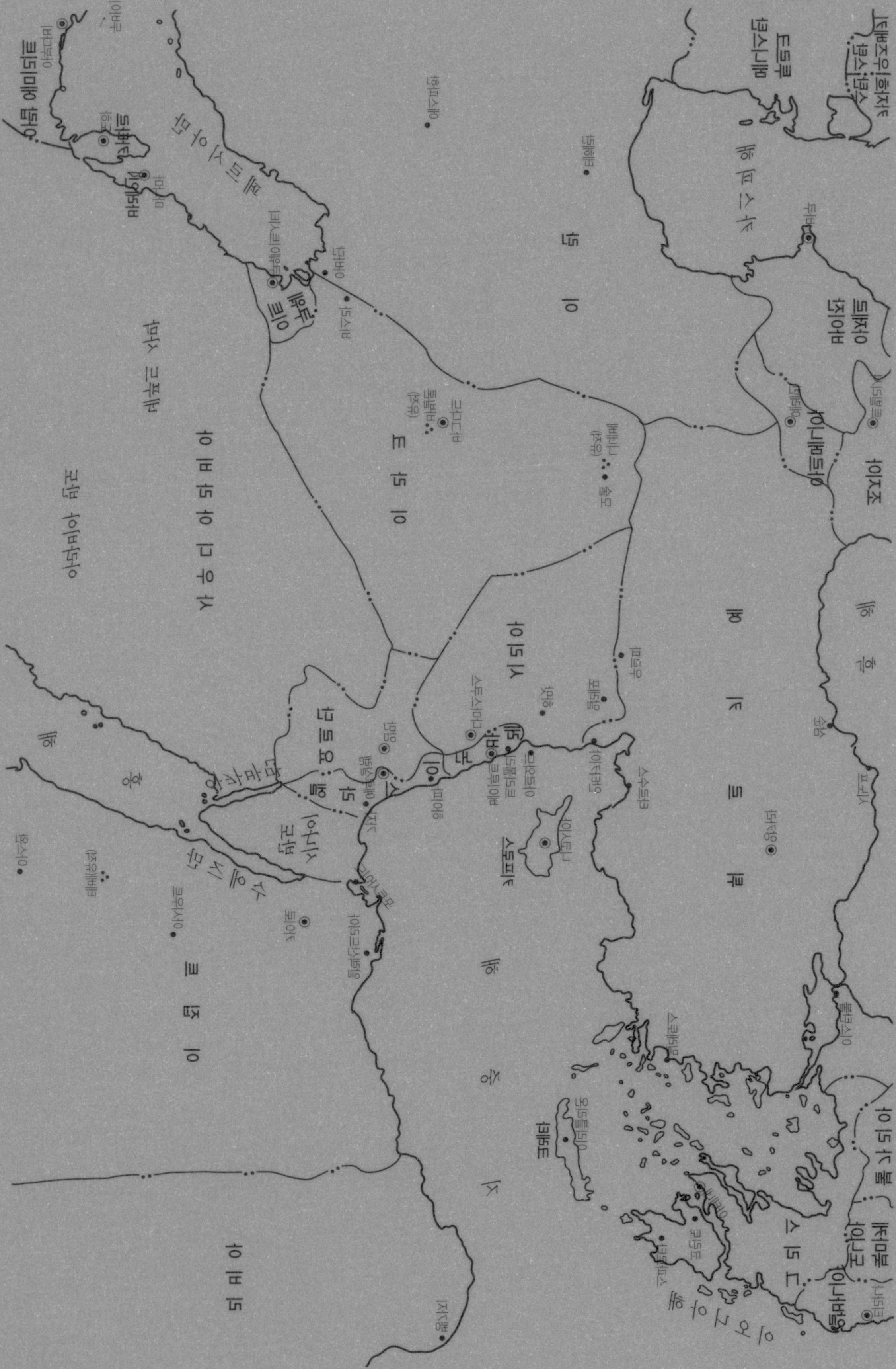

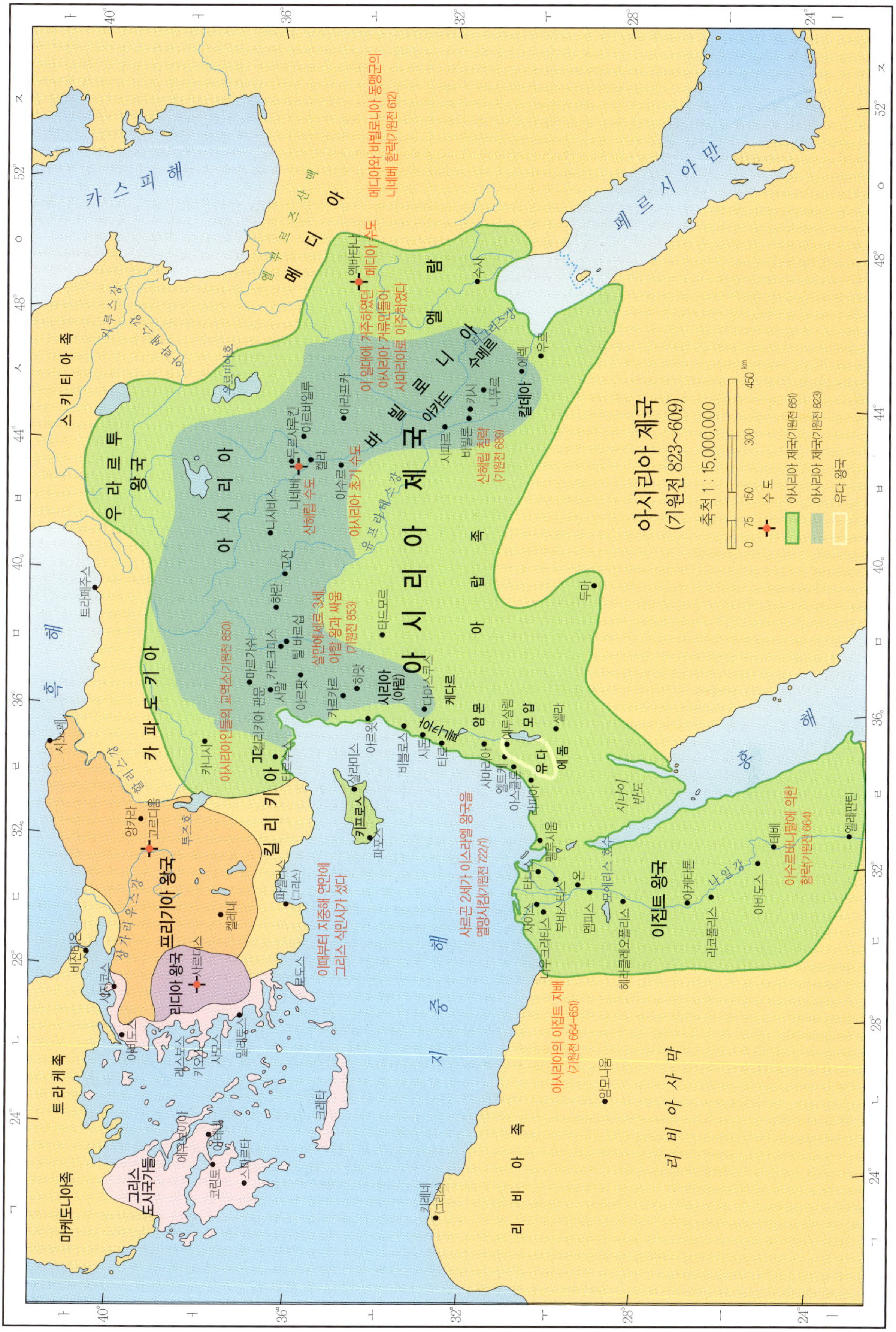
아시리아 제국
(기원전 823~609)
축척 1 : 15,000,000
0 75 150 300 450 km
수도
아시리아 제국(기원전 651)
아시리아 제국(기원전 823)
유다 왕국
카스피해
페르시아만
지중해
흑해
홍해
메디아
엘부르즈산맥
메디아와 바빌로니아 동맹군의
니네베 함락(기원전 612)
엑바타나
메디아 수도
이 일대에 거주하였던
아시리아 거류민들이
사마리아로 이주하였다
엘람
수사
바빌로니아
아카드
바빌론
키시
니푸르
산헤립 침략
(기원전 689)
칼데아
우르
에렉
수메르
티그리스강
유프라테스강
아시리아 제국
아시리아
니네베
산헤립 수도
두르샤루킨
아르바일루
아라프카
아수르
아시리아 초기 수도
니시비스
고잔
하란
틸 바르십
카르케미스
샬만에세르 3세,
아합 왕과 싸움
(기원전 853)
아시리아인들의 교역소(기원전 850)
카파도키아
우라르투 왕국
스키티아족
킴메르족
아람족
타드모르
하맛
시리아(아람)
다마스쿠스
아르팟
카르카르
두마
케다르
암몬
모압
에돔
유다
예루살렘
사마리아
셀라
시돈
두로
비블로스
아르왓
키프로스
살라미스
파포스
킬리키아
타르수스
프리기아 왕국
고르디움
앙카라
할리스강
상가리우스강
투즈호
켈레내
리디아 왕국
사르디스
비잔티움
시지쿠스
에베소
밀레투스
레스보스
키오스
사모스
로도스
파셀리스
(그리스)
이때부터 지중해 연안에
그리스 식민시가 섰다
사르곤 2세가 이스라엘 왕국을
멸망시킴(기원전 722/1)
아스글론
가사
엘테게
라피아
펠루시움
시나이 반도
타니스
사이스
부바스티스
온
멤피스
나우크라티스
헤라클레오폴리스
아케타톤
이집트 왕국
나일강
리코폴리스
아비도스
테베
엘레판틴
아수르바니팔에 의한
함락(기원전 664)
아시리아의 이집트 지배
(기원전 664~651)
암모니움
리비아족
리비아 사막
키레네
(그리스)
크레타
그리스 도시국가들
마케도니아족
트라케족
코린토
아테네
스파르타
에우보이아
트라페주스
시노페
우르미아호
반호
아락스강
쿠라강
키루스강

지도 10

신바빌로니아와 페르시아 제국
축척 1 : 24,000,000
0 120 210 480 720km
수도
페르시아 제국의 국경선(기원전 500)
페르시아 왕의 대로
페르시아 제국
메디아 왕국 (기원전 670~546)
신바빌로니아 제국
리디아 왕국
이집트 왕국
다리우스 1세는 페르시아 제국을 유럽까지 확장하려고 했으나, 그리스를 정복하려는 그의 야망은 마라톤 전투와 살라미스 해전에서 패배함으로써 좌절되었다
키루스 대왕이 메디아를 전복시키고 리디아와 바빌로니아를 정복함으로써 다니엘의 예언이 이루어졌다
파라오 느고는 유다 왕 요시아를 이겼으나 카르그미스 전투에서 네부카드네자르에게 패배하여 팔레스타인에서 쫓겨났다 (기원전 605)
신바빌로니아 제국에게 망함으로써 유다 왕국은 멸망하고 유다인들은 유배되었다
키루스 칙령으로 유다인 귀환(기원전 538)
캄비세스는 펠루시움에서 이집트를 격파하고 페르시아 제국에 합병하였다
페르시아 제국의 발상지
스키티아족
사카 (스키티아족)
마사게테
코라스미아
소그디아나
박트리아
간다라
인도
아라코시아
게드로시아
드랑기아나
아리아
파르티아
히르카니아
마르기아나
다헤
카르마니아
파르사
엘람 (수사아나)
아르메니아
카파도키아
킬리키아
파플라고니아
프리기아
시리아
아라비아
유다
에티오피아
리비아족
트라케
마케도니아
에피루스
그리스
일리리아
콜키스
카스피 해
아랄 해
흑해
에게 해
지중해
홍해
페르시아 만
아라비아 해
나일 강
인더스 강
티그리스 강
유프라테스 강
약사르테스 강
할리스 강
코카서스 산맥
힌두쿠시 산맥
바빌론
수사
에크바타나
페르세폴리스
파사르가대
사르디스
멤피스
예루살렘
다마스쿠스
카르그미스
하란
니네베
아테네
스파르타
마라톤
살라미스
밀레투스
비잔티움
펠루시움
테베
엘레판틴
키레네
바르카
암몬
타디모르
시돈
티로
가자
박트라
마라칸다
탁실라
파탈라

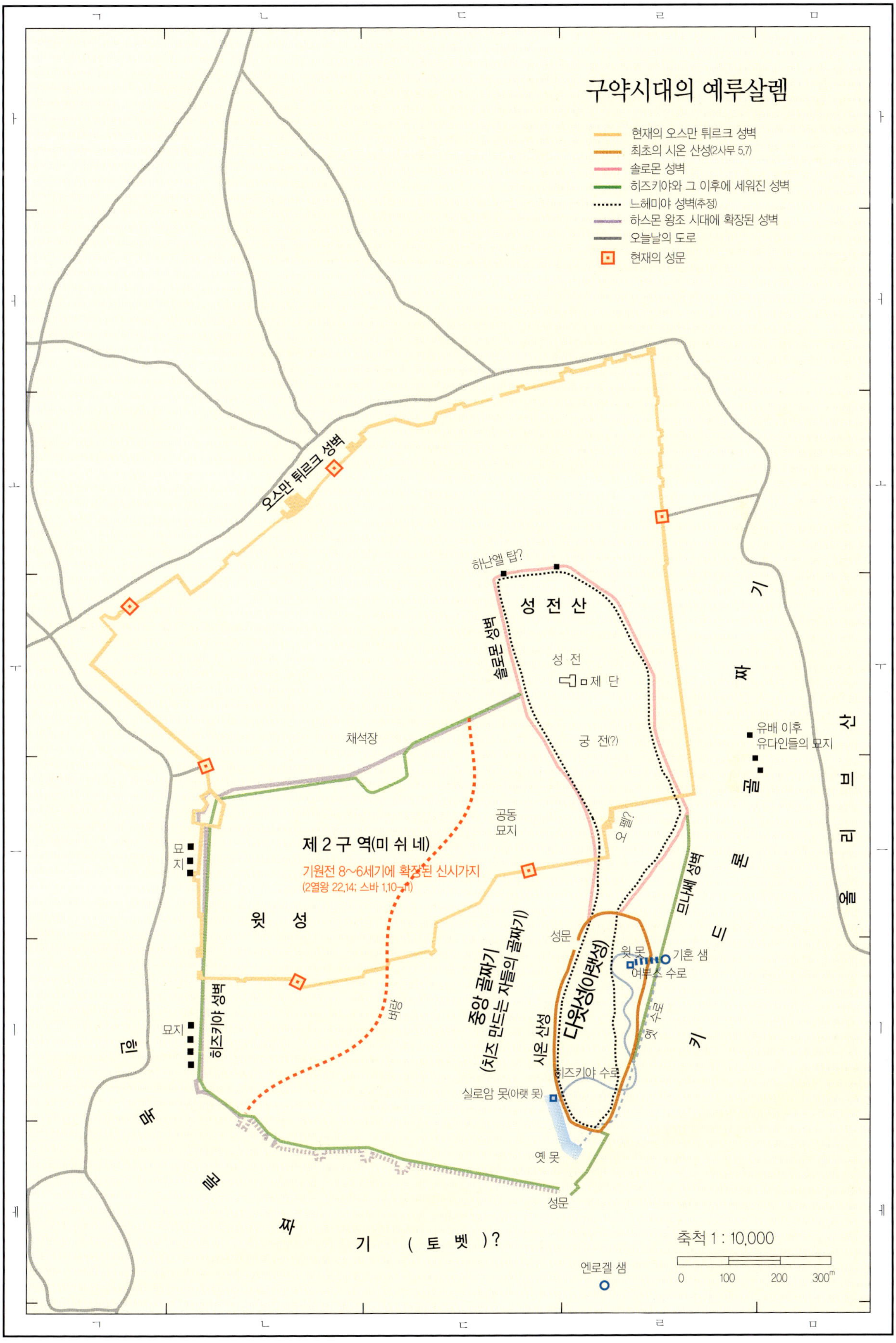
구약시대의 예루살렘
현재의 오스만 튀르크 성벽
최초의 시온 산성(2사무 5,7)
솔로몬 성벽
히즈키야와 그 이후에 세워진 성벽
느헤미야 성벽(추정)
하스몬 왕조 시대에 확장된 성벽
오늘날의 도로
현재의 성문
오스만 튀르크 성벽
하난엘 탑?
성 전 산
솔로몬 성벽
성 전
제 단
궁 전(?)
채석장
공동
묘지
제 2 구 역(미 쉬 네)
기원전 8~6세기에 확장된 신시가지
(2열왕 22,14; 스바 1,10-11)
윗 성
중앙 골짜기
(치즈 만드는 자들의 골짜기)
시온 산성
다윗성(아랫성)
오펠
므나쎄 성벽
윗 못
기혼 샘
여부스 수로
옛 수로
히즈키야 수로
실로암 못(아랫 못)
옛 못
성문
히즈키야 성벽
묘지
벽
유배 이후
유다인들의 묘지
키 드 론 골 짜 기
올 리 브 산
힌 놈 골 짜 기 (토 벳)?
엔로겔 샘
축척 1 : 10,000
0 100 200 300m

지도 12

알렉산드로스 제국과
(기원전 323)
그 후계자들의 왕국
(기원전 305)
축척 1 : 24,000,000
0 120 210 480 720km
알렉산드로스의 주요 전투
알렉산드로스의 경로
네아르코스의 경로
알렉산드로스 제국의 경계선(기원전 323)
알렉산드로스 사후(기원전 301)
안티고노스 왕국
셀레우코스 왕국
프톨레마이오스 왕국
리시마코스 왕국
카산드로스 왕국
아버지가 살해된 다음 알렉산드로스는 마케도니아 왕국을 이어받아 강화시켰으며 기원전 334년 35000명의 군대로 헬레스폰트 해협을 건넜다
알렉산드로스는 셀레아 근처 그라니코스 강에서 페르시아 군대를 격파하였다
알렉산드로스는 기원전 331년 가우가멜라에서 재편성된 페르시아 군대를 격파하였다. 메디아에 피신한 다리우스는 부하인 박트리아의 베소스에게 살해되었다
알렉산드로스는 험난한 원정 뒤 페르시아 동부를 점령했으며 마라칸다에서 친구 클레이토스를 죽였다
알렉산드로스는 이소스에서 다리우스 3세를 친 뒤 페니키아, 유다, 이집트를 점령하였다
알렉산드로스는 바빌론에서 33세에 죽었다(기원전 323)
알렉산드로스는 페르세폴리스를 불태웠다(기원전 330)
셀레우코스 1세는 전투용 코끼리 500마리를 받고 동부 알렉산드로스 일부를 마우리아 제국에게 넘겼다
알렉산드로스 군대는 히파시스강을 건너 가기를 거부했다
알렉산드로스는 알렉산드리아의 기초를 놓았고(기원전 331), 태양 신전을 방문해 신탁을 받았다
네아르코스가 알렉산드로스의 해군을 이끌고 아라비아해를 거쳐 오는 동안, 알렉산드로스는 육로로 힘들게 바빌론으로 귀환하였다
스 키 티 아 족
(카자흐스탄)
사 카 스
(키르기스스탄)
마 사 게 테
(우즈베키스탄)
코 라 스 미
(투르크메니스탄)
(중 국)
(타지키스탄)
(러시아)
(인 도)
일리리아
게타에
트라케
마케도니아
에피루스
헬라스
흑 해
지 중 해
카 스 피 해
아 랄 해
다 헤
페 르 시 아 만
홍 해
돈 강
약 사 르 테 스 강
코 카 서 스 산 맥
키 루 스 강
옥 수 스 강
힌 두 쿠 시 산 맥
인 더 스 강
코 펜 강
히 파 시 스 강
인 더 스 강
티 그 리 스 강
유 프 라 테 스 강
나 일 강
올비아
판티카패움
콜키스
트라페주스
시노페
펠라
테살로니카
비잔티움
헬레스폰트
일리움
셀레아
헤라클레아
비티니아
파플라고니아
폰토스
미시아
프리기아
앙키라
사르디스
에페소스
리디아
아테네
스파르타
카리아
리키아
입소스
피시디아
카파도키아
마자카
킬리키아
킬리키아 관문
타르수스
이소스
안티오키아
아르메니아
니시비스
가우가멜라
아르벨라
타프사코스
시리아
다마스쿠스
키프로스
페니키아
티로
유 다
예루살렘
가자
페트라
나바태아족
크레타
로도스
키레네
키레나이카
리 비 아
알렉산드리아
암몬
펠루시움
멤피스
이 집 트
프톨레마이스
테베
시에네
리 비 아 사 막
메 디 아
라게스
엑바타나
히르카니아
카스피해 관문
헤카톰필로스
파르티아
셀레우키아
바빌론
수시아나
수사
바빌로니아
페르세폴리스
페르시아
카르마나
카르마니아
하르모시아
푸라
게드로시아
드랑기아나
프로프타시아
알렉산드리아 아리온
알렉산드리아 아라코톤
아라코시아
박트리아
(아프가니스탄)
바카라
마라칸다
소그디아나
알렉산드리아 에샤테
탁실라
부케팔라
니케아
알렉산드리아
파탈라

마카베오 시대의 팔레스티나
(기원전 166~63)
축척 1 : 1,600,000
0 8 16 32 48 64km
마카베오 시대에 확장된 유다 영토
유다 마카베오의 항쟁 시작(기원전 166)
요나탄의 통치(기원전 160~143)
시몬의 통치(기원전 143~135)
요한 히르카노스의 통치(기원전 134~104)
유다 아리스토불로스1세의 통치(기원전 104~103)
알렉산드로스 얀네오스의 통치(기원전 103~76)
마카베오가(하스몬 왕조) 통치의 최대 영역
수도
시리아
셀레우코스 제국
페니키아
코일레시리아
레바논산맥
헤르몬산
시돈
티로
리타니강
티로의 사닥다리
다미스쿠스
파니아스
케데스
하초르
프톨레마이스/아코
트리폰이 요나탄을 생포한 곳
가울라나
가말라
카르나임
마켓
라폰
보소르
갈릴래아
갈릴래아 호수
아르벨라
카르멜산
타보르산
필로테리아
히푸스
야르묵강
디온
아빌라
가다라
이즈르엘 평야
도르
스트라토의 망대
스키토폴리스 (벳 스안)
에프론
보소라
사마리아
펠라
갈라디티스
요한 히르카노스가 그리짐 산에 있는 사마리아 성전을 파괴하였다(기원전 108/7)
게라사
지중해
샤론평야
사마리아
아폴로니아
그리짐산
스켐
라가바
얀네오스가 죽은 곳
야뽁강
아마투스
알렉산드리움
페레아
암몬니티스
야포
벳 다곤
리따
아조토산
고프나
에프라임
마카베오가의 고향
모데인
야제르
필라델피아
마카베오가의 항쟁은 셀레우코스 왕국 안티오코스 4세가 유다인들을 강제로 그리스화하려는 정책에 저항하여 일어났다
기원전 63년 폼페이우스의 군대가 예루살렘을 점령, 유다는 로마의 속국이 되었다
얌니아
벳 호론
베텔
미크마스
예리코
가자라
브에롯
미츠파
벳 라마타
케드론
에크론
엠마오
유다
예루살렘
사마가
에스부스 (헤스본)
메드바
아조토(아스돗)
아스클론
자유 도시 국가
필리스티아
베들레헴
팀나
벳 즈카르야
아둘람
트코아
마리사
벳 추르
사해
마케루스
유다인들은 이때부터 유다 마카베오의 성전 정화를 기념하여 하누카(성전재봉헌축제)를 거행하였다
안테돈
가자
아도라
헤브론
엔게디
디본
아르논강
그라르
마사다
모아비티스
라피아
이두매아
아랏
브에르 세바
키르 모압 (키르 하레셋)
아크라바테네
제렛 개천
나바태아족

카이사르 전후의 로마 제국
(기원전 60~25)
축척 1 : 24,000,000
0 120 210 480 720km
카이사르가 싸운 주요 전투
수도
제1차 삼두정치하의 로마 경계선(기원전 60)
카이사르와 옥타비아누스가 획득한 영토(기원전 25)
보호 국가
옥타비아누스 단독 집권시 로마 통치의 경계선(기원전 30)
카이사르는 기원전 55~54년에 브리튼 섬을 침입했다
카이사르는 기원전 58~51년 고울(갈리아) 지방을 정복했다
카이사르는 자기 영역의 경계선인 루비콘 강을 넘어가 내란을 야기하였다(기원전 49)
카이사르는 파르살로스에서 폼페이우스를 쳐부수었다(기원전 48)
폼페이우스는 알렉산드리아에서 살해되었고(기원전 48) 카이사르는 이집트군을 물리친 뒤 클레오파트라를 이집트 여왕으로 임명하였다(기원전 47)
"왔다, 보았다, 이겼다." 카이사르는 젤라에서 파르나세스 2세를 물리쳤다(기원전 47)
크라수스는 카래 전투에서 파르티아군에게 패해 죽었다(기원전 53)
유다인들은 카이사르 통치하에서 종교 자유가 보장되고 징병이 면제되는 반독립국 상태를 누렸다
파르티아 왕국
아라비아
사하라
지중해
아드리아 해
티레니아 해
에게 해
대서양
카스피 해
홍해

헤로데 통치하의 팔레스티나
(기원전 37~4)
축척 1 : 1,600,000
0 8 16 32 48 64km
데카폴리스 도시들
수도
헤로데 왕국(기원전 4)
데카폴리스
아스클론(자유 도시)
시리아 총독의 관할 영역
리사니아스 왕국
지 중 해
아빌레네
이 투 래 아
시 리 아
페 니 키 아
레바논 산맥
리타니 강
아빌라
헤르몬산
다마스쿠스
시돈
티로
파니아스
헤로데가 로마로부터
받은 지역(기원전 20)
가울라니티스
트라코니티스
가다사
(케데스)
기살라
악집
(엑디빠)
젊은 헤로데는
아버지 안티파테르 밑에서
갈릴래아를 다스렸다
프톨레마이스
갈 릴 래 아
바타내아
가말라
라파나
막달라(마가단)
아르벨라
갈릴래아 호
히푸스
디온
카나타
세포리스
나자렛
필로테리아
야르묵 강
가다라
아빌라
아 우 라 니 티 스
카르멜산
도르
게바
에드레이
히푸스와 가다라는 데카폴리스
도시였는데 아우구스투스가
헤로데에게 주었다
카이사리아
(스트라토 망대)
이즈르엘
평야
보소라
스키토폴리스
헤로데가 재건한
도시와 항구
펠라
데 카 폴 리 스
사 마 리 아
데카폴리스는 시리아 로마 총독의 관할하에 있었으나
어느 정도 자율성을 부여받은 그리스 도시의 연합으로
기원전 63/64년부터 기원후 106년까지 존속하였다.
그리스 문화와 종교를 지닌 이 도시들은 주변 지역과
뚜렷이 구분되었다. 중심지는 스키토폴리스였다
헤로데가 사마리아를
재건함
세바스테
게라사
사론 평야
요르단 강
아폴로니아
그리짐산
아마투스
야뽁 강
페 래 아
안티파트리스
알렉산드리움
야포
답나
파사엘리스
헤로데는
안티고노스를 이긴 뒤
예루살렘을 지배하고
유다 왕이 되었다
(기원전 37)
리따
고프나
모데인
베텔
필라델피아
얌니아
게제르
벳 호론
예리코
벳 니므라
엠마오
암 몬
에크론
예루살렘
키르벳 쿰란
리비아스
(벳 하람)
에스부스
(헤스본)
아스돗
유 다
하르카니움
아스클론
헤로데 출생지
베들레헴
헤로디움
벳 구브린(베토가브리스)
마리사
벳 추르
마케루스
안테돈
가자
헤브론
사 해
디본
엔게디
아르논 강
이 두 매 아
마사다
브에르 세바
키르 모압
(키르 하레셋)
나 바 태 아 족
제렛 개천
30′
35°
36°
33°
32°
31°

지도 16

예수 시대의 팔레스티나
축척 1 : 1,600, 000
0 8 16 32 48 64km
수도
데카폴리스의 도시들
리사니아스의 영토
필리포스의 영토
헤로데 안티파스의 영토
로마 총독의 관할 영역
살로메의 영토
데카폴리스
독립 지역
시리아 총독의 관할 영토
아르켈라오스는 헤로데가 죽은 뒤
유다와 사마리아, 이두매아를 지배하였다.
그는 기원후 6년에 추방되었고
그의 영토는 로마 직할령이 되었다
헤로데의 누이인 살로메는
얌니아, 아조토, 파사엘리스를 받았다.
이 지역은 다시 아우구스투스 황제의
아내 리비아에게 넘겨진 뒤
결국 티베리우스 황제에게 넘어갔다
지 중 해
아빌레네
이투래아
아빌라
다마스쿠스
헤르몬산
레바논산맥
리타니강
시돈
사렙타
티로
티로의 사닥다리
가다사 (케데스)
단
카이사리아 필리피
가울라니티스
트라코니티스
바타내아
셀레우키아
라파나
아우라니티스
기살라
갈릴래아
코라진
율리아스(벳 사이다)
가말라
카파르나움
막달라 (마가단)
갈릴래아 호수
게르게사
히푸스
디온
프톨레마이스 (아코)
요타파타
카나
세포리스
티베리아스
나자렛
필로테리아
타보르산
이즈르엘 평야
나인
가다라
아빌라
에드레이
가르멜산
기손천
도르
카이사리아
로마 총독 주재지
스키토폴리스 (벳 스안)
엔 간님
펠라
데 카 폴 리 스
사마리아
사마리아 (세바스테)
에발산
시카르
스켐
그리심산
야곱의 우물
게라사
아폴로니아
사론 평야
아마투스
야뽁강
요르단강
안티파트리스
야포
아리마태아 (라마타임)
파사엘리스
고프나
페레아
리따
에프라임
베텔
벳 니므라
필라델피아 (라빠 암몬)
얌니아
게제르
라마
예리코
율리아스(리비아스, 벳 하람)
헤스본
에크론
니코폴리스 (엠마오)
엠마오
예루살렘
쿰란
사해 두루마리가 발견된 곳
아조토(아스돗)
베타니아
유
다
베들레헴
세례자 요한이 투옥되었다가
헤로데 안티파스의 명령으로
참수된 곳
아스클론
헤로디움
사해
마리사
마케루스
가자
헤브론
디본
유다 광야
지프
엔게디
유타
아르논강
그라르
카르멜
이두매아
마싸다
라파아
라빠 모압
브에르 세바
키르 모압 (키르 하레셋)
제렛 개천
나 바 태 아 족
아 라 비 아

사도들의 선교 여행
축척 1 : 2,900,000
0 14 29 58 87km
필리포스의 여행
베드로의 여행
바르나바의 여행
사울의 여행
바르나바와 사울(바오로)의 여행
킬리키아
사울의 출생지
타르수스
아다나
피라무스강
이소스
폼페이오폴리스
아마누스산맥
사울은 타르수스로 돌아가 바르나바가 찾아올 때까지 지냈다 (사도 11,25-26)
셀레우키아 트라케오티스
안티오키아 신도들이 처음으로 그리스도인이라고 불리게 되었다(사도 11,26)
안티오키아
셀레우키아 피에리아
에피파니아
오론테스강
아파매아
키프로스
살라미스
바르나바의 고향
사울과 바르나바는 굶주린 사람들을 위한 구호 헌금을 가지고 유다로 떠났다(사도 11,30)
바르나바는 복음을 선포하기 위해 안티오키아에 파견되었다
아라두스 (아르왓)
에메사
사울과 바르나바는 안티오키아로 돌아가 일차 선교 여행을 준비하며 복음을 선포하였다
트리폴리스
시리아
지중해
비블로스
헬리오폴리스
레바논 맞은편 산맥
베리투스
레바논산맥
칼키스
페니키아
코일레 시리아
시돈
다마스쿠스
사울은 이곳에서 처음으로 예수가 하느님의 아들이심을 선포하였다
리타니강
이투래아
티로
카이사리아 필리피
사울이 아라비아로 갔다가 다마스쿠스로 돌아왔다
갈릴래아
가울라니티스
프톨레마이스
그리스말을 하는 유다인들이 사울을 죽이려는 것을 알고 교우들은 그를 카이사리아로 보내어 타르수스로 가게 하였다(사도 9, 29-30)
갈릴래아 호수
티베리아스
사울은 다마스쿠스로 가던 중 예수를 만나 회심하였다
팔레스티나
데카폴리스
보소라 (보스트라)
카이사리아
스키토폴리스
펠라
사마리아
나바테아 아라비아
필리포스와 베드로는 유다와 사마리아를 두루 다니며 가르치고 병을 고치며 세례를 베풀었다
사마리아 (세바스테)
페레아
게라사
사울은 예수의 제자들을 박해할 목적으로 다마스쿠스로 향하였다
야포
요르단강
리따
필라델피아
예리코
아조토 (아스돗)
유다
예루살렘
가자로 가는 길
사해

지도 18

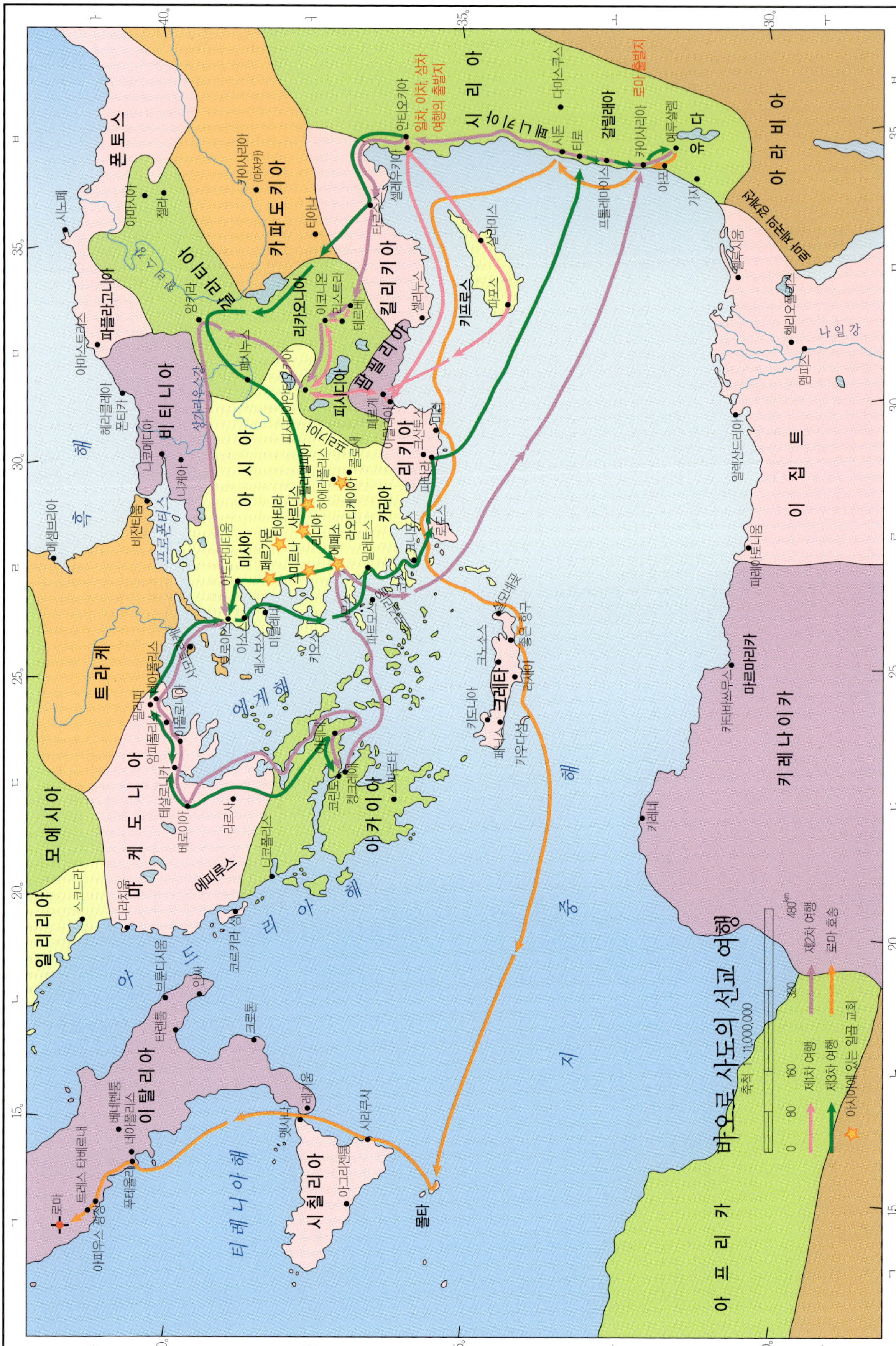

바오로 사도의 선교 여행
축척 1:11,000,000
0 80 160 320 480km
제1차 여행
제2차 여행
제3차 여행
로마 호송
아시아에 있는 일곱 교회
일차, 이차, 삼차 여행의 출발지
로마 출발지
지중해
에게 해
흑해
티레니아 해
이오니아 해
아드리아 해
시리아
유다
아라비아
이집트
키레나이카
아프리카
이탈리아
시칠리아
마케도니아
아카이아
트라케
모에시아
일리리아
에피루스
비티니아
폰토스
파플라고니아
카파도키아
갈라티아
리카오니아
길리키아
팜필리아
피시디아
리키아
카리아
미시아
아시아
키프로스
크레타
몰타
로마
예루살렘
안티오키아
다마스쿠스
카이사리아
에페소
코린토
아테네
필리피
테살로니카
베로이아
트로아스

몬테네그로
코소보
불가리아
흑 해
시노프
로마
아드리아해
소피아
이탈리아
티라나
북마케 발 칸 반 도
도니아
튀르키예
이스탄불
알바
니아
테살로니카
부르사
앙카라
티레니아해
그리스
에게해
튀르키예
팔레르모
시칠리아
이즈미르
이오니아해
아테네
코린토
안탈리아
타르수스
알레포
스파르타
안타키아
몰타
라타키아
시리아
이라클리온
니코시아
키프로스
트리폴리
레
바
논
크레타
베이루트
사이다
다마스쿠스
수르
지 중 해
골란 고원
트리폴리
하이파
이
스
라
엘
암만
텔아비브
예루살렘
벵가지
가자
시드라만
포트사이드
알렉산드리아
요르단
수에즈 운하
수에즈
이 집 트
카이로
시 나 이 반 도
리 비 아
수에즈만
사우디
아라비아

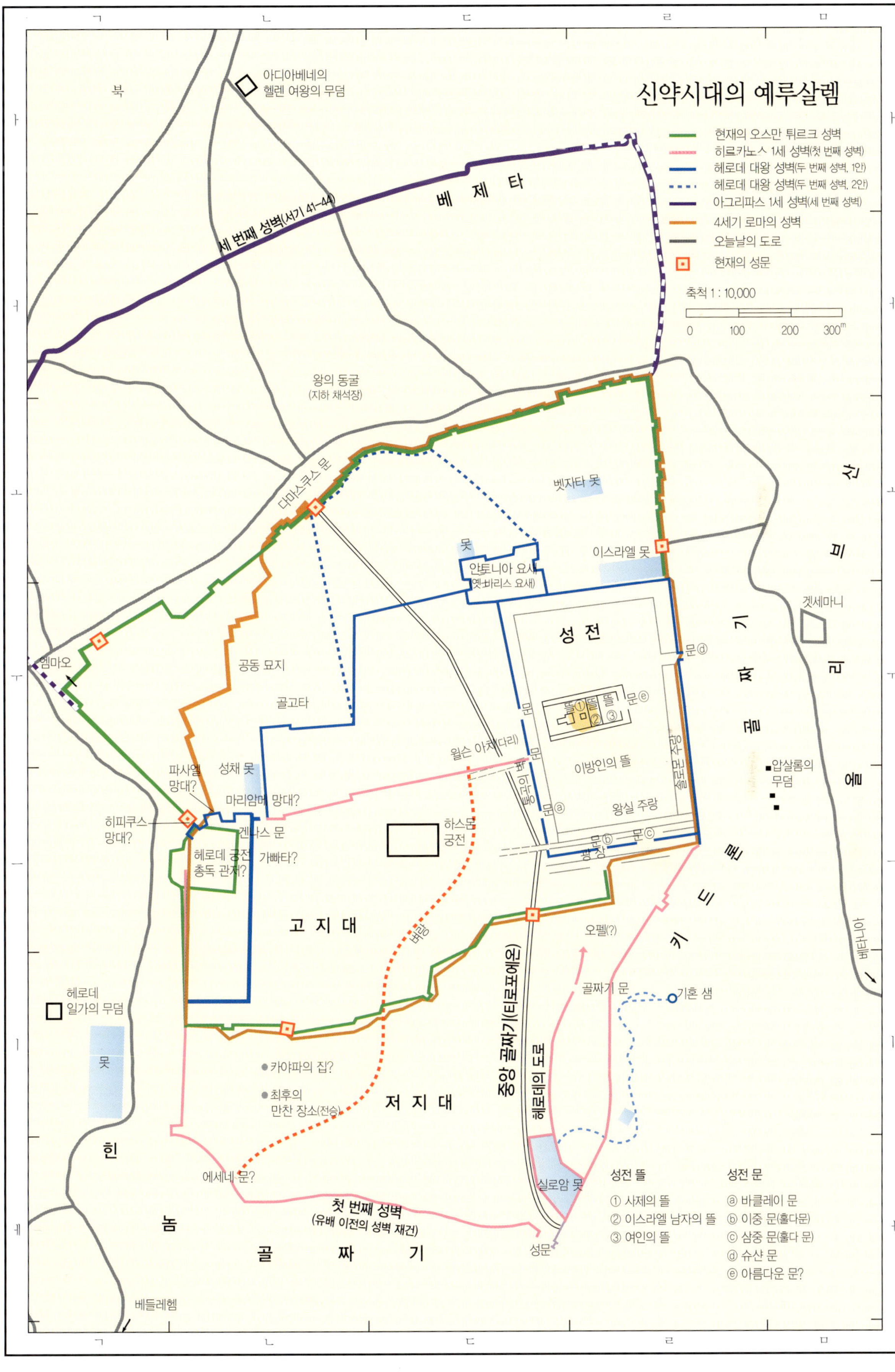

신약시대의 예루살렘
현재의 오스만 튀르크 성벽
히르카노스 1세 성벽(첫 번째 성벽)
헤로데 대왕 성벽(두 번째 성벽, 1안)
헤로데 대왕 성벽(두 번째 성벽, 2안)
아그리파스 1세 성벽(세 번째 성벽)
4세기 로마의 성벽
오늘날의 도로
현재의 성문
축척 1 : 10,000
0 100 200 300m
북
아디아베네의 헬렌 여왕의 무덤
세 번째 성벽(서기 41~44)
베 제 타
왕의 동굴 (지하 채석장)
다마스쿠스 문
벳자타 못
이스라엘 못
안토니아 요새 (옛 바리스 요새)
성 전
이방인의 뜰
왕실 주랑
솔로몬 주랑
겟세마니
압살롬의 무덤
키 드 론 골 짜 기
올 리 브 산
베타니아
엠마오
공동 묘지
골고타
윌슨 아치(다리)
파사엘 망대?
성채 못
마리암메 망대?
히피쿠스 망대?
겐나스 문
헤로데 궁전 총독 관저?
가빠타?
하스몬 궁전
고 지 대
오펠(?)
골짜기 문
기혼 샘
헤로데 일가의 무덤
카야파의 집?
최후의 만찬 장소(전승)
저 지 대
중앙 골짜기(티로포에온)
헤로데의 도로
실로암 못
에세네 문?
첫 번째 성벽 (유배 이전의 성벽 재건)
성문
힌 놈 골 짜 기
베들레헴
성전 뜰
① 사제의 뜰
② 이스라엘 남자의 뜰
③ 여인의 뜰
성전 문
ⓐ 바클레이 문
ⓑ 이중 문(훌다문)
ⓒ 삼중 문(훌다 문)
ⓓ 슈샨 문
ⓔ 아름다운 문?

지형 단면도

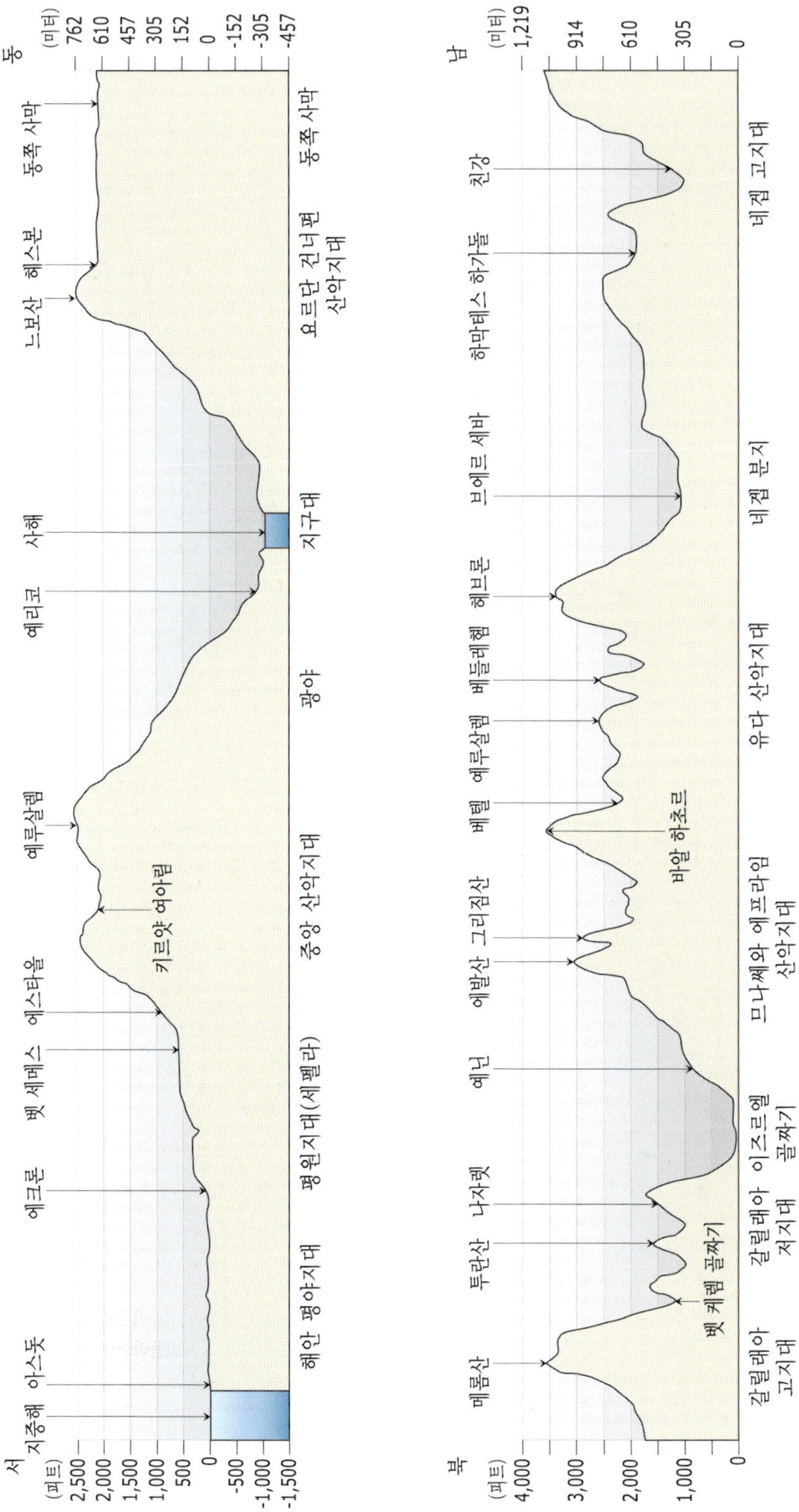

서
동
(피트)
(미터)
지중해
아스돗
에크론
벳 세메스
에스타올
키르얏 여아림
예루살렘
예리코
사해
느보산
헤스본
동쪽 사막
2,500
2,000
1,500
1,000
500
0
-500
-1,000
-1,500
762
610
457
305
152
0
-152
-305
-457
해안 평야지대
평원지대(세펠라)
중앙 산악지대
광야
지구대
요르단 건너편 산악지대
동쪽 사막
북
남
메롬산
투란산
나자렛
예닌
에발산
그리짐산
베텔
예루살렘
베들레헴
헤브론
브에르 세바
하막테스 하가돌
친강
벳 케렘 골짜기
바알 하초르
4,000
3,000
2,000
1,000
0
1,219
914
610
305
0
갈릴래아 고지대
갈릴래아 저지대
이즈르엘 골짜기
므나쎄와 에프라임 산악지대
유다 산악지대
네겝 분지
네겝 고지대

찾아보기

지도에 대한 정보는
지명의 바로 뒤에 표시되어 있다.

첫 번째 숫자는
지도의 번호를 나타내며
두 번째 글자는
지명의 위치를 나타낸다.

이 지도에서는
한글의 음운 구조에 따라
가로축에는 자음을,
세로축에는 모음을 배치하였다.

예를 들어, "가나안 2보"는
"지도 2"에서
가로축의 "ㅂ"과 세로축의 "ㅗ"가
만나서 이루는 사각형 안에 있다.

같은 지명이 두 개 이상의
이름으로 불리는 경우,
다른 이름을 괄호 안에 넣거나
화살표(→)로 나타내었다.

가

나

다

라

마

바

사

자

차

카

타

파

하

* 참고 문헌

Aharoni Y. et al, *The Carta Bible Atlas*, fourth ed., Carta, Jerusalem, 2002.
Baines J. & Málek J., *Atlas of Ancient Egypt*, Andromeda Oxford, 1992.
Barraclough G. ed., *The Times Atlas of World History*, third ed, Hammond, 1989.
Bimson J.J., et al, *New Bible Atlas*, Inter-Varsity Press, 1996.
May H.G., *Oxford Bible Atlas*, second ed., Oxford University Press, 1974.
Meyers, E.M. ed., *The Oxford Encyclopedia of Archaeology in the Near East*, vol. 1-5, Oxford University Press, 1997.
Mitter S. & Schmitt G. ed., *Tübinger Bibelatlas*, Deutsche Bibelgesellschaft, 2001.
Prichard J, & Page N. ed., *Harpercollins Atlas of Bible History*, HarperOne, 2008.
Rainey A.F. & Notley R.S., *The Sacred Bridge: Carta's Atlas of the Biblical World*, Carta, Jerusalem, 2006.
Rasmussen C.G., *Zondervan NIV Atlas of the Bible*, Regency, 1989.
Ephraim Stern, ed., *The New Encyclopedia of Archaeological Excavations in the Holy Land*, vol. 1-4, Simon & Schuster, 1993.